Impressum

Verlag: BABADADA GmbH, Nedderfeld 112 , 22529 Hamburg

Geschäftsführer / Verlagsleitung: Harald Hof

Druck: Books on Demand GmbH, In de Tarpen 42, 22848 Norderstedt

Imprint

Publisher: BABADADA GmbH, Nedderfeld 112 , 22529 Hamburg, Germany

Managing Director / Publishing direction: Harald Hof

Print: Books on Demand GmbH, In de Tarpen 42, 22848 Norderstedt, Germany

xue xiao

学校

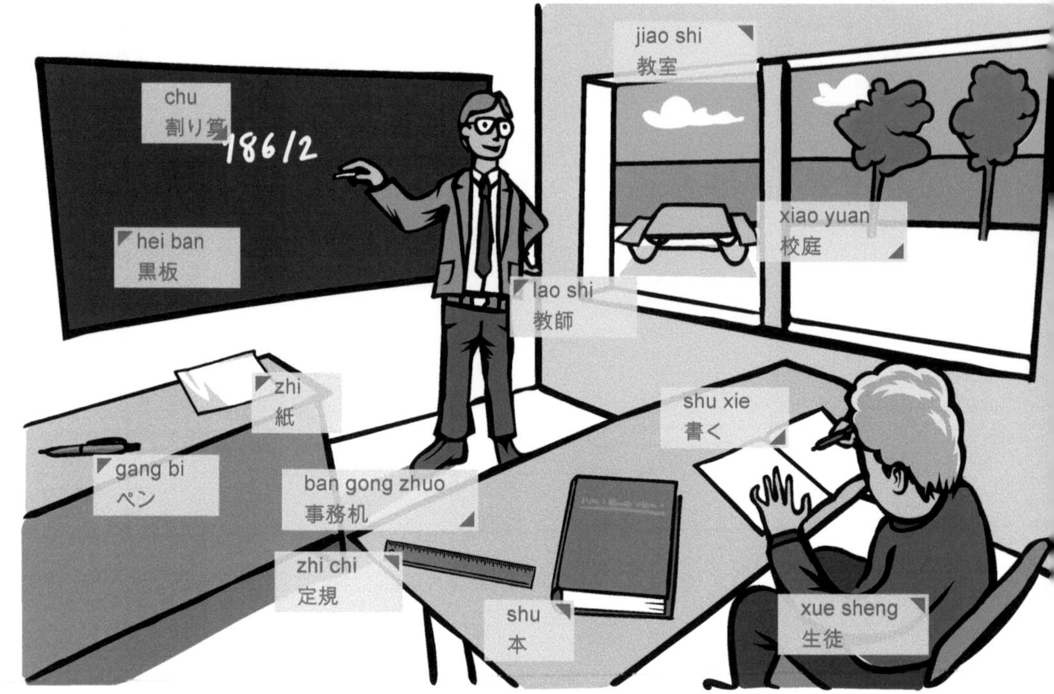

jiao shi
教室
chu
割り算
186/2
hei ban
黒板
xiao yuan
校庭
lao shi
教師
zhi
紙
shu xie
書く
gang bi
ペン
ban gong zhuo
事務机
zhi chi
定規
shu
本
xue sheng
生徒

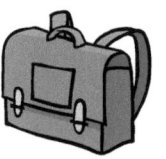

shu bao
ランドセル

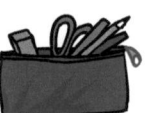

qian bi he
筆入れ

qian bi
鉛筆

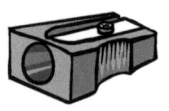

juan bi dao
鉛筆削り

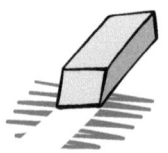

xiang pi ca
消しゴム

hua ban
スケッチブック

tu hua

スケッチ

hua bi

絵筆

yan liao he

絵の具箱

jian dao

はさみ

jiao shui

接着剤

lian xi ce

練習帳

jia ting zuo ye

宿題

shu zi

数

jia

足し算

jian

引き算

cheng

かけ算

ji suan

計算する

zi mu

文字

zi mu biao

アルファベット

zi

単語

ke wen

テキスト

du

読む

fen bi

チョーク

shang ke

授業

deng ji

学級日誌

kao shi

試験

zheng shu

通知表

xiao fu

制服

jiao yu

教育

bai ke quan shu

百科事典

da xue

大学

xian wei jing

顕微鏡

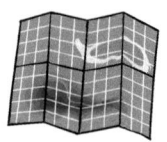

di tu

地図

fei zhi kuang

ごみ箱

lü xing
旅行

Grand
jiu dian
ホテル
qing nian lü xing she
ホステル
wai bi dui huan chu
両替所
shou ti xiang
スーツケース
qi che
自動車

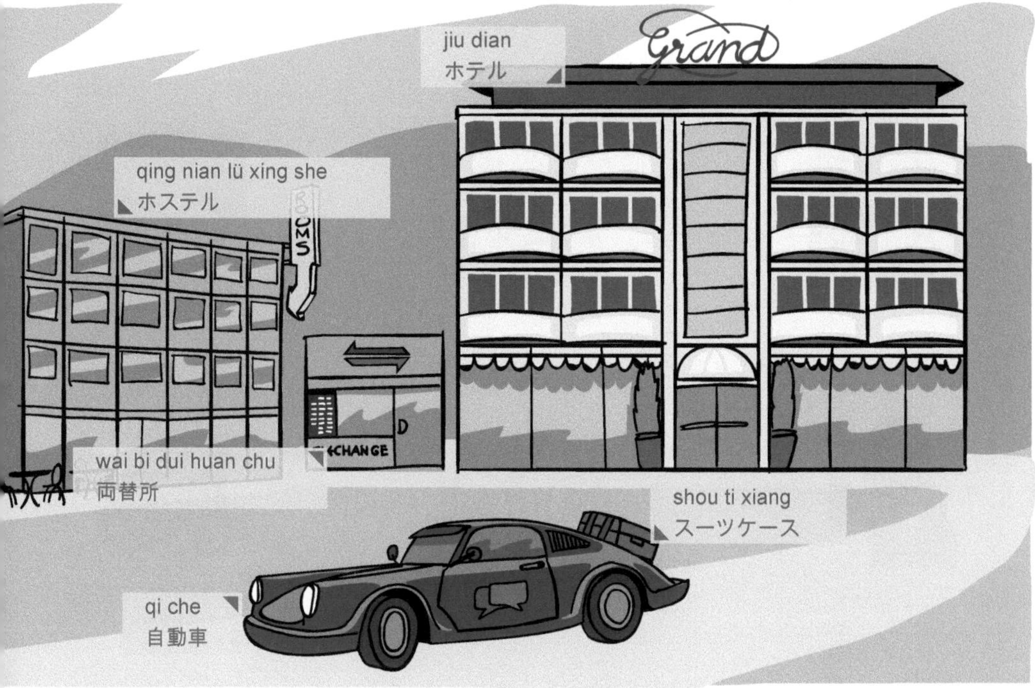

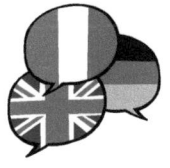

yu yan

言語

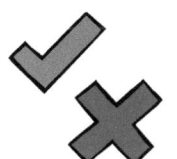

shi/fou

はい / いいえ

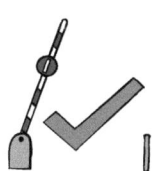

hao de

問題ない

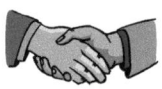

nin hao

ハロー

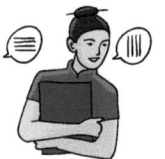

fan yi yuan

翻訳者

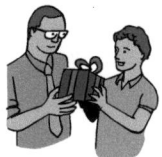

xie xie

ありがとう

......duo shao qian?

...はいくらですか？

wo bu ming bai

わかりません

wen ti

問題

wan shang hao!

こんばんは！

zao shang hao!

おはようございます！

wan an!

おやすみなさい！

zai jian

さようなら

fang xiang

方向

xing li

手荷物

bao

バッグ

shuang jian bao

リュックサック

ke ren

お客様

fang jian

部屋

shui dai

寝袋

zhang peng

テント

lü you xin xi

旅行者情報

hai tan

ビーチ

xin yong ka

クレジットカード

zao can

朝食

wu can

昼食

wan can

夕食

piao

チケット

dian ti

エレベーター

you piao

スタンプ

bian jie

境界

hai guan

税関

da shi guan

大使館

qian zheng

ビザ

hu zhao

パスポート

jiao tong yun shu

輸送

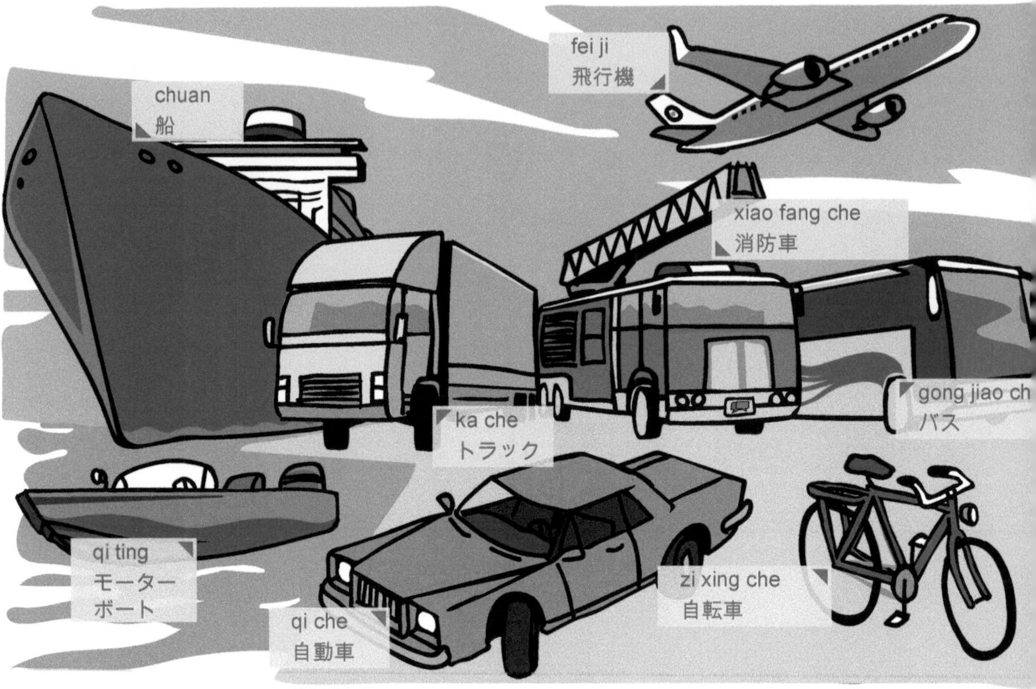
fei ji
飛行機
chuan
船
xiao fang che
消防車
gong jiao ch
バス
ka che
トラック
qi ting
モーター
ボート
zi xing che
自転車
qi che
自動車

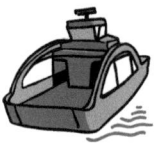

bai du chuan

フェリー

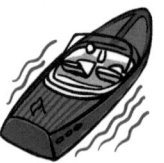

xiao chuan

ボート

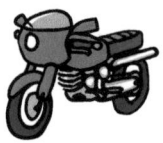

mo tuo che

バイク

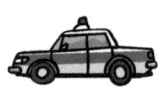

jing che

パトカー

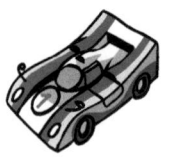

sai che

レーシングカー

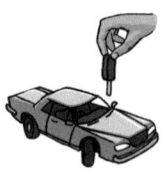

zu che

レンタカー

pin che

カーシェアリング

tuo che

レッカー車

la ji che

ごみ収集車

fa dong ji

モーター

qi you

燃料

jia you zhan

ガソリンスタンド

jiao tong biao zhi

交通標識

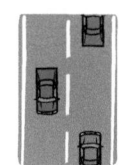

jiao tong

交通

jiao tong du sai

渋滞

ting che chang

駐車場

huo che zhan

駅

gui dao

道

huo che

列車

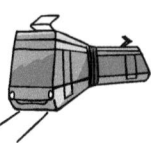

dian che

路面電車

huo che

車両

zhi sheng ji

ヘリコプター

ji chang

空港

ta

タワー

cheng ke

乗客

ji zhuang xiang

コンテナ

zhi ban xiang

段ボール箱

shou tui che

カート

lan zi

カゴ

qi fei/jiang luo

離陸 / 着陸

cheng shi

都市

cun zhuang

村

shi zhong xin

都心

fang zi

家

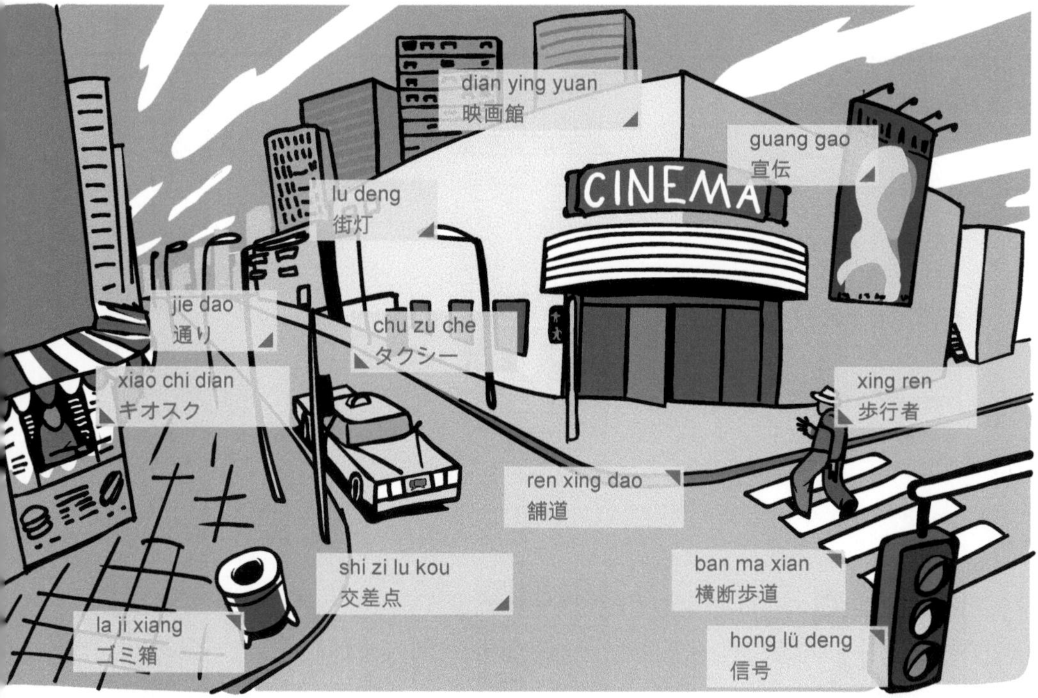
dian ying yuan
映画館
guang gao
宣伝
CINEMA
lu deng
街灯
jie dao
通り
chu zu che
タクシー
xiao chi dian
キオスク
xing ren
歩行者
ren xing dao
舗道
ban ma xian
横断歩道
shi zi lu kou
交差点
la ji xiang
ゴミ箱
hong lü deng
信号

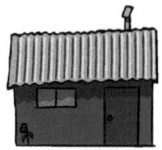

xiao wu

小屋

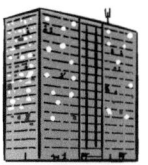

gong yu

アパート

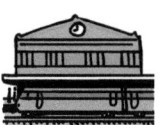

huo che zhan

駅

shi zheng ting

市役所

MUSEUM

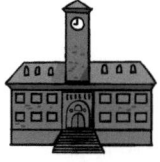

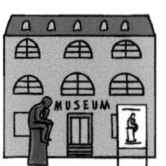

bo wu guan

美術館

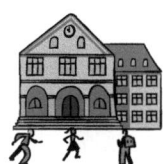

xue xiao

学校

da xue

大学

yin hang

銀行

yi yuan

病院

jiu dian

ホテル

yao fang

薬局

ban gong shi

オフィス

shu dian

書店

shang dian

ショップ

hua dian

花屋

chao shi

スーパーマーケット

shi chang

市場

bai huo shang dian

デパート

yu dian

魚屋

gou wu zhong xin

ショッピングセンター

hai gang

港

gong yuan

公園

chang deng

ベンチ

qiao

橋

lou ti

階段

di tie

地下鉄

sui dao

トンネル

gong jiao che zhan

バス停

jiu ba

バー

can guan

レストラン

you tong

ポスト

lu biao

道路標識

ting che ji shi qi

パーキングメーター

dong wu yuan

動物園

you yong guan

スイミングプール

qing zhen si

モスク

nong chang

農場

wu ran

污染

mu di

墓地

jiao tang

教会

cao chang

遊び場

si miao

寺

di xing

風景

shu ye
葉

zhi shi pai
道標

lu
道

cao di
草地

shi tou
石

tu bu lü xing zhe
ハイカー

shu
木

he
川

cao
草

hua
花

xia gu

谷

shan

山

hu

湖

sen lin

森

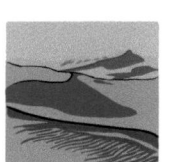

sha mo

砂漠

huo shan

火山

cheng bao

城

cai hong

虹

mo gu

キノコ

zong lü shu

ヤシの木

wen zi

蚊

cang ying

ハエ

ma yi

蟻

mi feng

ミツバチ

zhi zhu

クモ

jia chong

カブトムシ

qing wa

蛙

song shu

リス

ci wei

ハリネズミ

ye tu

ウサギ

mao tou ying

フクロウ

niao

鳥

tian e

白鳥

ye zhu

雄豚

lu

鹿

mi lu

ヘラジカ

shui ba

ダム

feng li fa dian ji

風力タービン

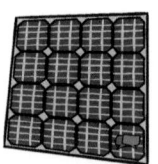

tai yang neng dian chi ban

ソーラーパネル

qi hou

気候

can guan
レストラン

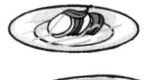

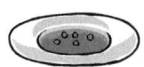

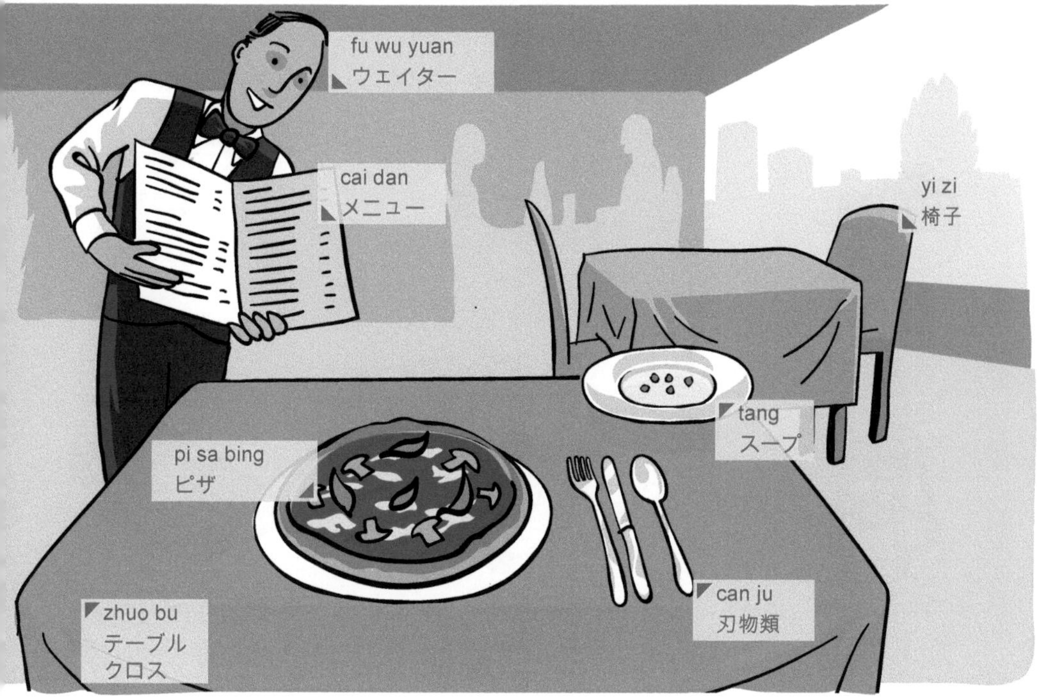

fu wu yuan
ウェイター
cai dan
メニュー
yi zi
椅子
tang
スープ
pi sa bing
ピザ
can ju
刃物類
zhuo bu
テーブルクロス

qian cai

前菜

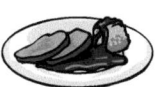

zhu cai

メインコース

tian dian

デザート

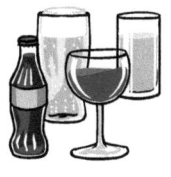

yin liao

飲み物

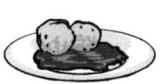

shi wu

食べ物

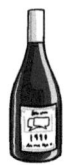

ping zi

ボトル

kuai can

ファストフード

jie bian xiao chi

屋台の食べ物

cha hu

ティーポット

tang he

砂糖入れ

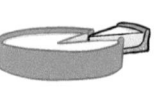

yi fen fan cai

一人前

yi shi ka fei ji

エスプレッソマシン

gao jiao yi

幼児用食事椅子

zhang dan

請求書

tuo pan

トレー

dao

ナイフ

can cha

フォーク

shao zi

スプーン

cha chi

ティースプーン

can jin

ナプキン

bo li bei

グラス

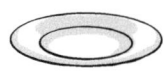

die zi

皿

tang pan

スープ皿

die zi

受け皿

jiang

ソース

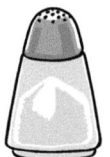

yan ping

塩入れ

hu jiao mo

ペッパーミル

cu

酢

shi yong you

油

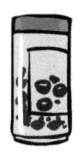

tiao wei liao

スパイス

fan qie jiang

ケチャップ

jie mo

マスタード

dan huang jiang

マヨネーズ

chao shi

スーパーマーケット

te jia
特価品
FOR
gu ke
顧客
ru zhi pin
乳製品
shui guo
果物
gou wu che
ショッピング
・カート

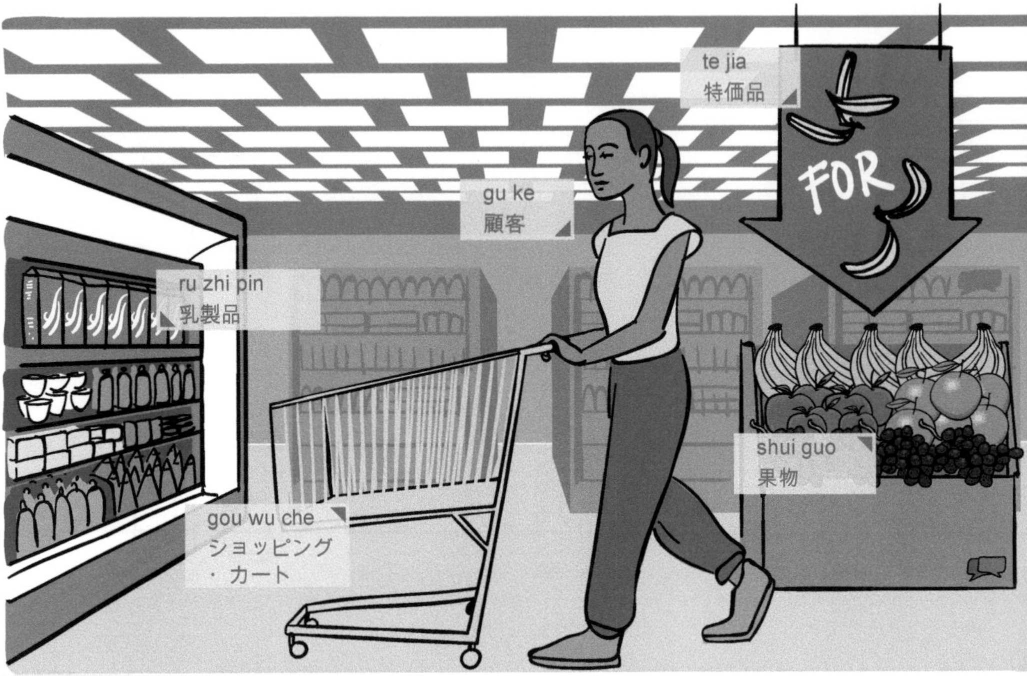

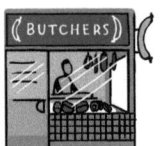

BUTCHERS

rou pu

肉屋

BAKERY

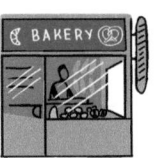

mian bao fang

パン屋

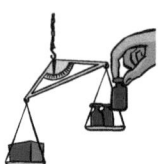

cheng zhong

重さをはかる

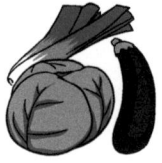

shu cai

野菜

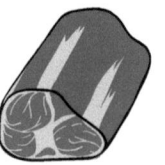

rou

肉

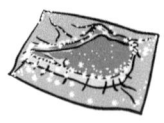

leng dong shi pin

冷凍食品

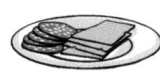

leng pan

冷肉の薄切り

guan tou shi pin

缶詰食品

xi yi fen

洗剤

tian shi

菓子

ri yong pin

家庭用品

qing jie yong pin

清掃用品

xiao shou yuan

販売員

shou yin ji

現金箱

shou yin yuan

レジ係

gou wu qing dan

買い物リスト

kai fang shi jian

開館時刻

qian bao

財布

xin yong ka

クレジットカード

dai zi

バッグ

su liao dai

ポリ袋

shui

水

guo zhi

ジュース

niu nai

牛乳

ke le

コーラ

hong jiu

ワイン

pi jiu

ビール

jiu

アルコール

ke ke

ココア

cha

紅茶

ka fei

コーヒー

yi shi nong suo ka fei

エスプレッソ

ka bu qi nuo

カプチーノ

xiang jiao

バナナ

ping guo

リンゴ

cheng zi

オレンジ

xi gua

メロン

ning meng

レモン

hu luo bo

ニンジン

da suan

ニンニク

zhu zi

竹

yang cong

玉ねぎ

mo gu

キノコ

jian guo

ナッツ

mian tiao

ヌードル

yi da li mian tiao

スパゲッティ

mi fan

米

sha la

サラダ

shu tiao

フライドポテト

zha tu dou

フライドポテト

pi sa bing

ピザ

han bao bao

ハンバーガー

san ming zhi

サンドウィッチ

zha zhu pai

カツレツ

huo tui

ハム

sa la mi

サラミ

xiang chang

ソーセージ

ji rou

鶏肉

kao rou

焼き

yu

魚

yan mai pian

麦のお粥

mu zi li

ムーズリ

yu mi pian

コーンフレーク

mian fen

小麦粉

yang jiao mian bao

クロワッサン

mian bao juan

ロールパン

mian bao

パン

kao mian bao

トースト

bing gan

ビスケット

huang you

バター

ning ru

カッテージチーズ

dan gao

ケーキ

dan

卵

jian dan

目玉焼き

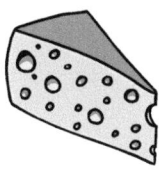

nai lao

チーズ

bing ji lin

アイスクリーム

tang

砂糖

feng mi

はちみつ

guo jiang

ジャム

qiao ke li jiang

ヌガークリーム

ga li fan

カレー

nong chang
農場

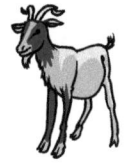

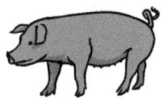

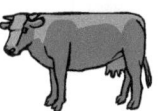

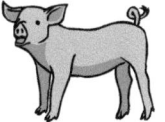

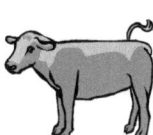

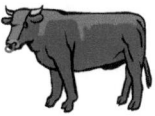

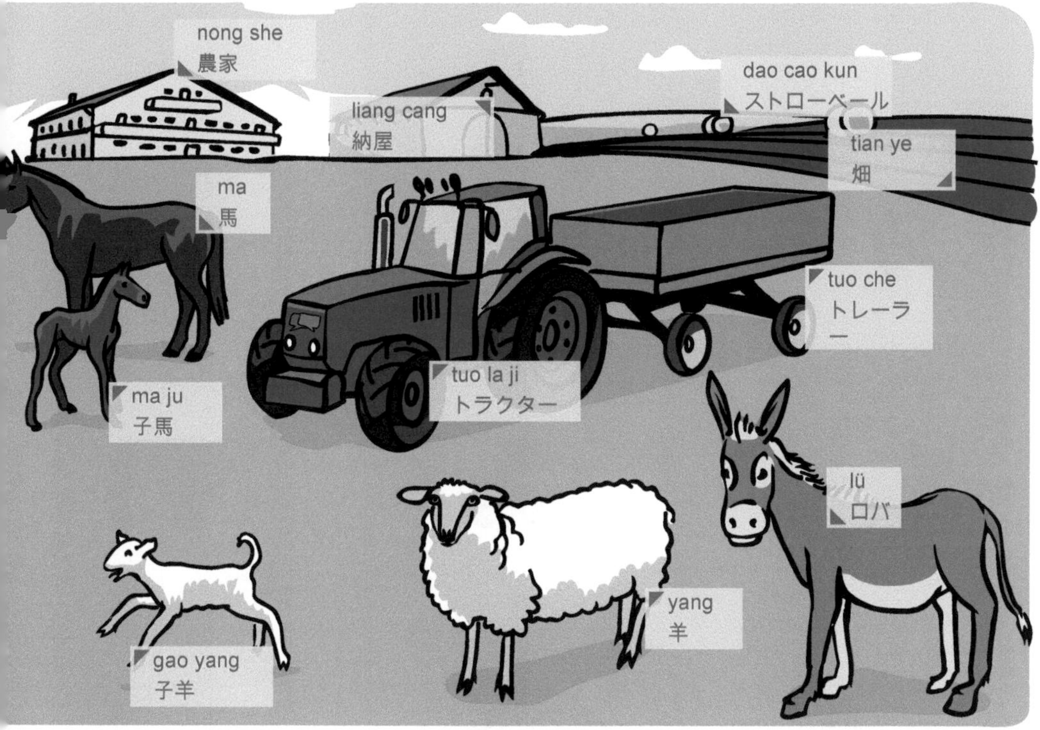
nong she
農家
liang cang
納屋
dao cao kun
ストローベール
tian ye
畑
ma
馬
tuo che
トレーラー
tuo la ji
トラクター
ma ju
子馬
lü
ロバ
yang
羊
gao yang
子羊

shan yang
ヤギ

nai niu
雌牛

niu du
子牛

zhu
豚

xiao zhu
子豚

gong niu
雄牛

e
ガチョウ

ya
アヒル

xiao ji
ひよこ

mu ji
にわとり

gong ji
おんどり

shu
ネズミ

mao
猫

lao shu
ねずみ

niu
雄牛

gou
犬

gou wu
犬小屋

hua yuan jiao shui ruan
guan
散水ホース

sa shui hu
じょうろ

chang bing da lian dao
大鎌

li
すき

lian dao

草刈り鎌

chu tou

くわ

chang bing cao pa

堆肥用フォーク

fu tou

斧

du lun shou tui che

手押し車

si liao cao

かいばおけ

niu nai guan

牛乳缶

ma bu dai

袋

zha lan

フェンス

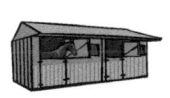

ma jiu

畜舎

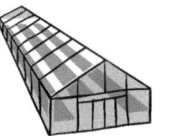

wen shi

温室

tu rang

土壌

zhong zi

種

fei liao

肥料

lian he shou ge ji

コンバイン

nong chang - 農場

shou ge

収穫する

shou ge

収穫

shan yao

ヤマイモ

xiao mai

小麦

da dou

大豆

tu dou

じゃがいも

yu mi

トウモロコシ

you cai zi

菜種

guo shu

果樹

shu shu

キャッサバ

gu wu

穀物

fang zi
家

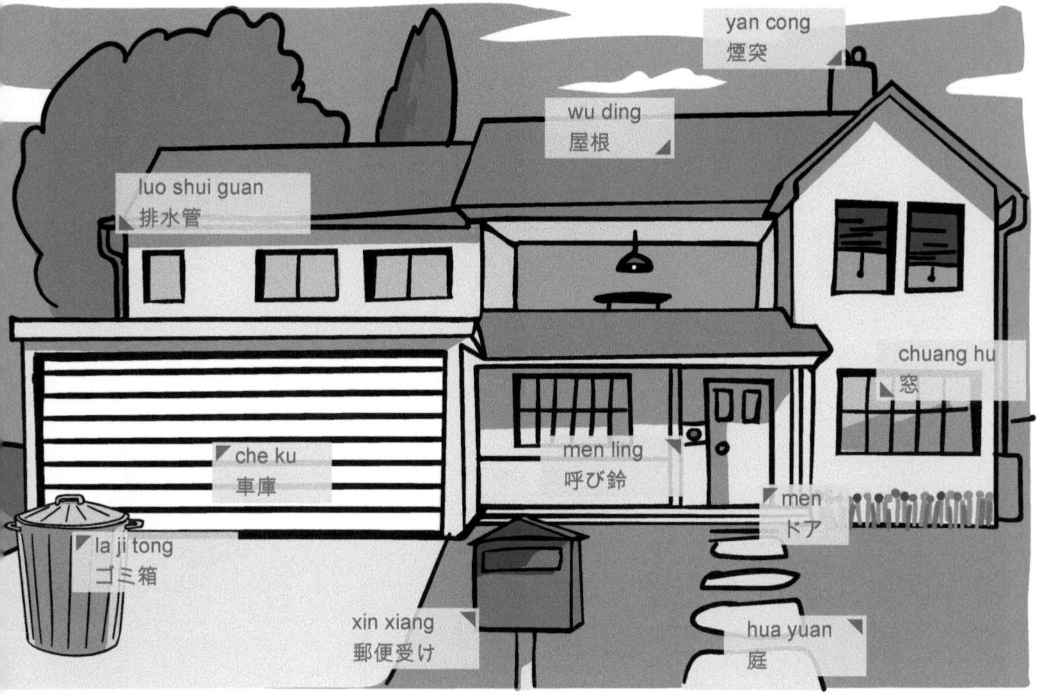
yan cong
煙突
wu ding
屋根
luo shui guan
排水管
chuang hu
窓
che ku
車庫
men ling
呼び鈴
men
ドア
la ji tong
ゴミ箱
xin xiang
郵便受け
hua yuan
庭

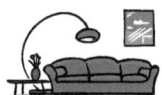

ke ting
リビングルーム

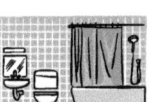

yu shi
浴室

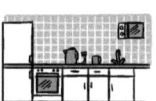

chu fang
台所

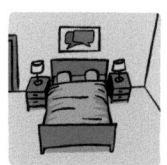

wo shi
寝室

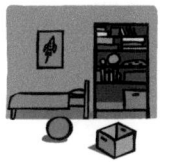

er tong fang
子供部屋

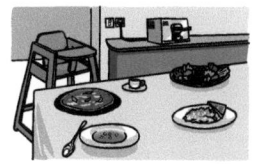

can ting
ダイニング・ルーム

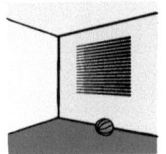

di ban

床

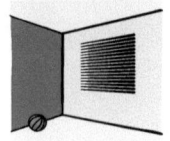

qiang bi

壁

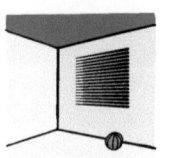

diao ding

天井

di jiao

地下貯蔵庫

sang na

サウナ

yang tai

バルコニー

lu tai

テラス

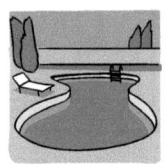

you yong chi

プール

ge cao ji

芝刈り機

bei dan

シーツ

chuang zhao

ベッドカバー

chuang

ベッド

sao zhou

ほうき

shui tong

バケツ

kai guan

スイッチ

ke ting

リビングルーム

bi zhi
壁紙
zhao pian
絵
tai deng
ランプ
ge jia
棚
chu gui
食器棚
dian shi ji
テレビ
bi lu
暖炉
hua
花
dian zi
クッション
sha fa
ソファ
hua ping
花瓶
yao kong qi
リモコン

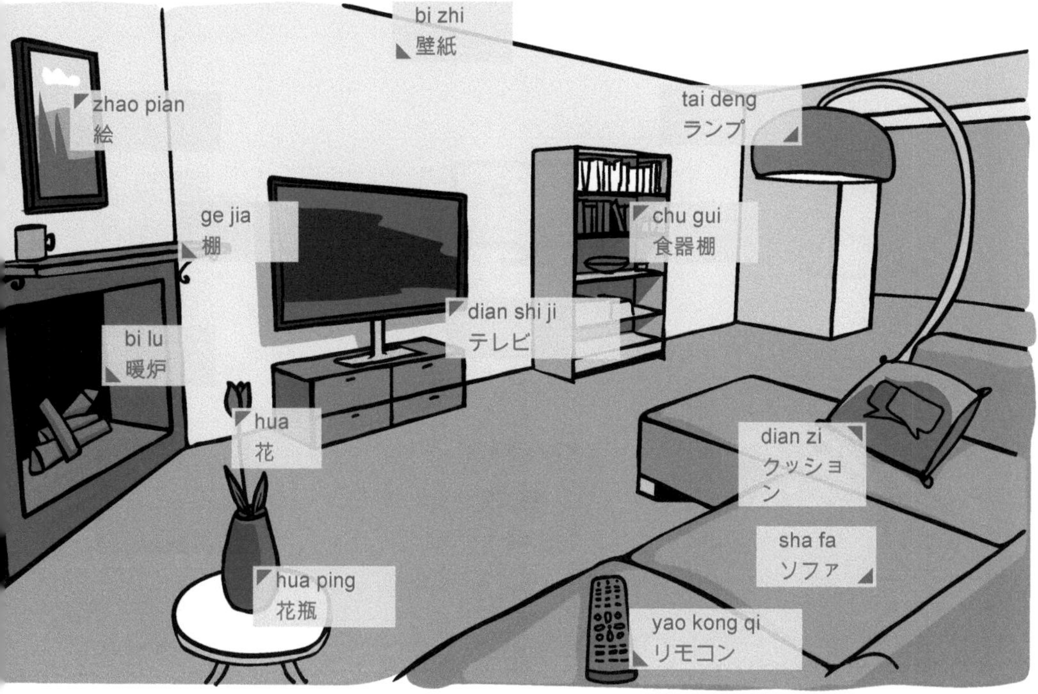

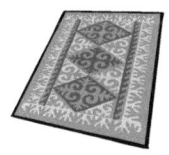

di tan

カーペット

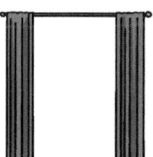

chuang lian

カーテン

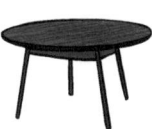

can zhuo

テーブル

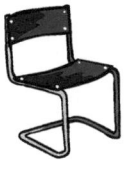

yi zi

椅子

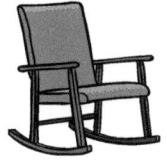

yao yi

ロッキングチェア

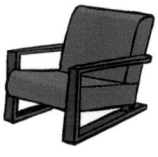

fu shou yi

ひじ掛け椅子

shu

本

tan zi

毛布

zhuang shi pin

飾り

mu chai

たきぎ

dian ying

映画

gao bao zhen yin xiang

ステレオ

yao shi

鍵

bao zhi

新聞

you hua

絵画

hai bao

ポスター

shou yin ji

ラジオ

bi ji ben

メモ帳

xi chen qi

掃除機

xian ren zhang

サボテン

la zhu

ろうそく

chu fang
台所

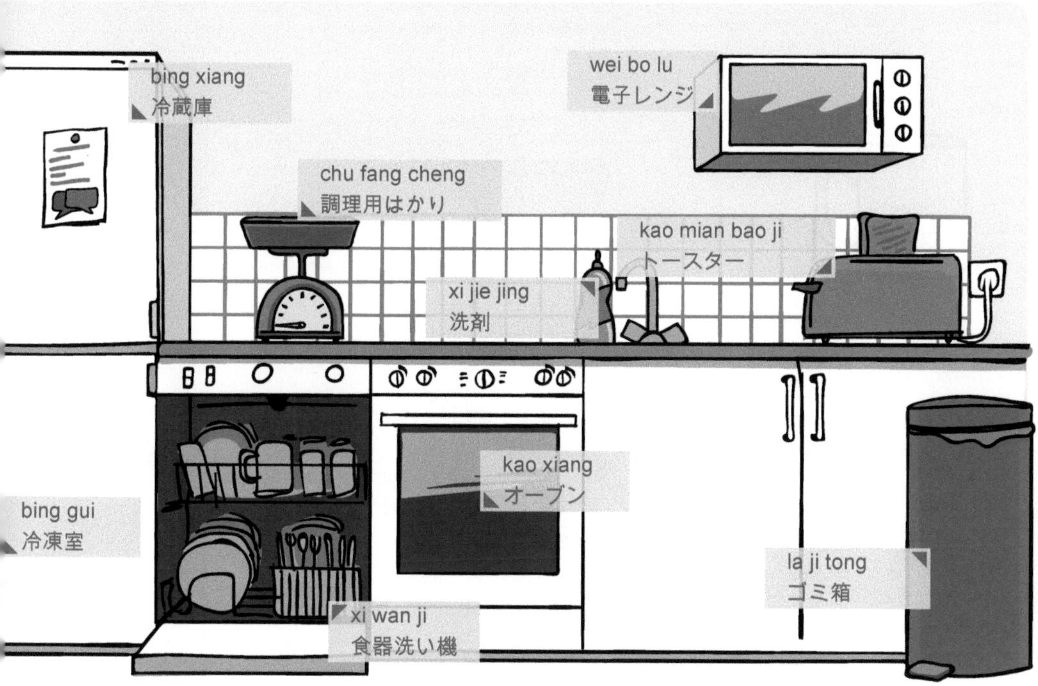
bing xiang
冷蔵庫
wei bo lu
電子レンジ
chu fang cheng
調理用はかり
kao mian bao ji
トースター
xi jie jing
洗剤
kao xiang
オーブン
bing gui
冷凍室
la ji tong
ゴミ箱
xi wan ji
食器洗い機

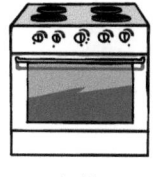

chui ju
こんろ

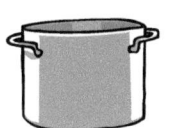

guo
鍋

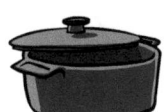

zhu tie guo
鉄鍋

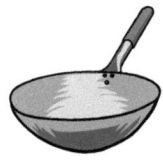

sha guo
中華鍋/ カダイ鍋

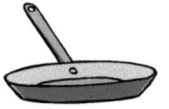

ping di guo
フライパン

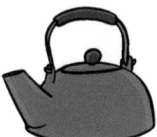

shui hu
やかん

zheng guo

蒸し器

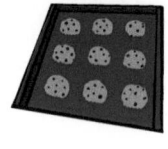

kao pan

天板

tao ci guo

食器

ma ke bei

マグカップ

wan

ボウル

kuai zi

箸

chang bing shao

おたま

chan zi

へら

jiao ban qi

泡立て器

lü wang

こし器

shai zi

ふるい

mo sui ji

すりおろし器

yan bo

すり鉢

shao kao

バーベキュー

ming huo

かまど

cai ban

まな板

gan mian zhang

麺棒

kai ping qi

栓抜き

guan zi

缶

kai ping qi

缶切り

ge re shou tao

鍋つかみ

shui cao

流し

shua zi

ブラシ

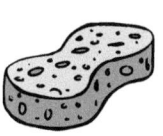

hai mian

スポンジ

jiao ban ji

ミキサー

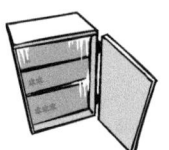

leng cang xiang

冷凍庫

nai ping

哺乳瓶

shui long tou

蛇口

yu shi

浴室

gong nuan she bei
ヒーター
lin yu
シャワー
mao jin
タオル
yu lian
シャワーカーテン
pao mo yu
泡風呂
yu gang
浴槽
bo li bei
グラス
xi yi ji
洗濯機
shui long tou
蛇口
ci zhuan
タイル
bian hu
おまる
shui cao
流し

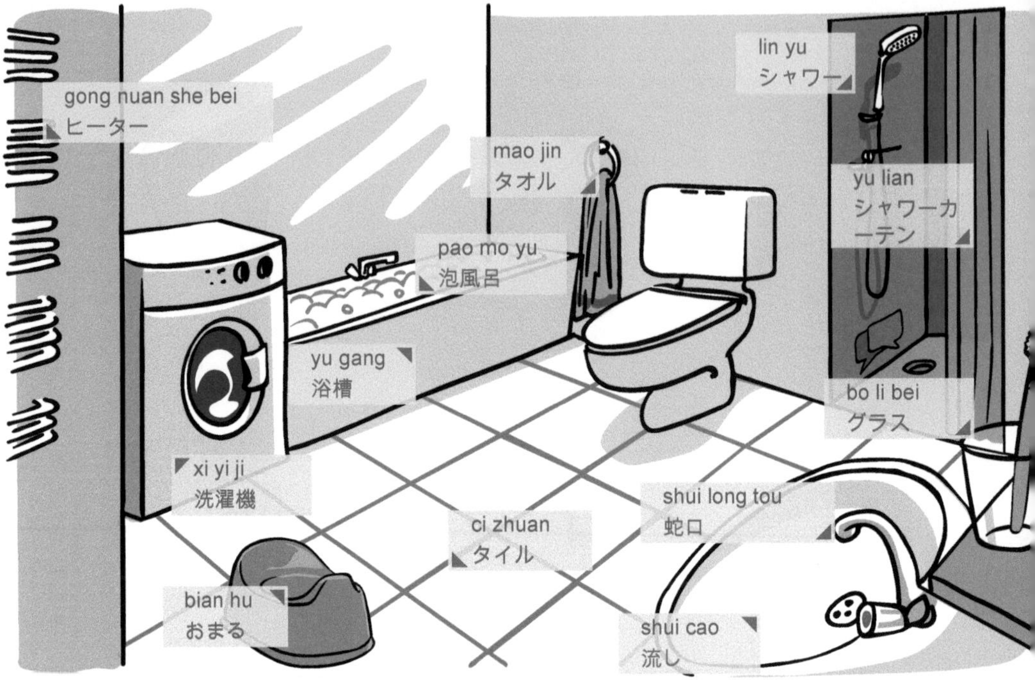

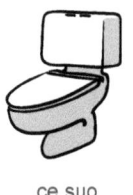

ce suo

トイレ

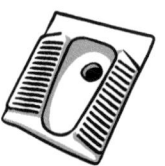

dun bian qi

和式トイレ

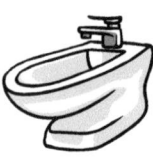

zuo yu qi

ビデ

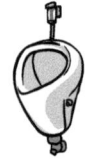

xiao bian chi

小便器

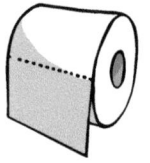

ce zhi

トイレットペーパー

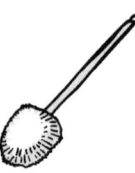

ma tong shua

トイレブラシ

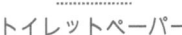

ya shua

歯ブラシ

ya gao

歯みがき

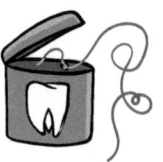

ya xian

デンタルフロス

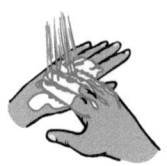

xi

洗う

shou chi shi pen lin tou

シャワーヘッド

chong xi qi

ハンドビデ

xi lian pen

洗面台

ca bei shua

ボディブラシ

fei zao

石鹸

mu yu lu

シャワー用ジェル

xi fa shui

シャンプー

fa lan rong

浴用タオル

pai shui

排水口

ru shuang

クリーム

chu chou ji

消臭

jing zi

鏡

shou jing

手鏡

ti xu dao

かみそり

ti xu pao mo

シェービング・フォーム

xu hou shui

アフターシェーブローション

shu zi

櫛

shua zi

ブラシ

chui feng ji

ドライヤー

pen fa ding xing ji

ヘアスプレー

hua zhuang pin

化粧

chun gao

口紅

zhi jia you

マニキュア

hua zhuang mian

脱脂綿

zhi jia jian

爪切り

xiang shui

香水

xi shu bao

洗面用具入れ

deng zi

スツール

ji zhong cheng

体重計

yu pao

バスローブ

xiang jiao shou tao

ゴム手袋

wei sheng mian tiao

タンポン

wei sheng jin

生理用ナプキン

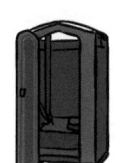

hua xue ce suo

ケミカルトイレ

er tong fang

子供部屋

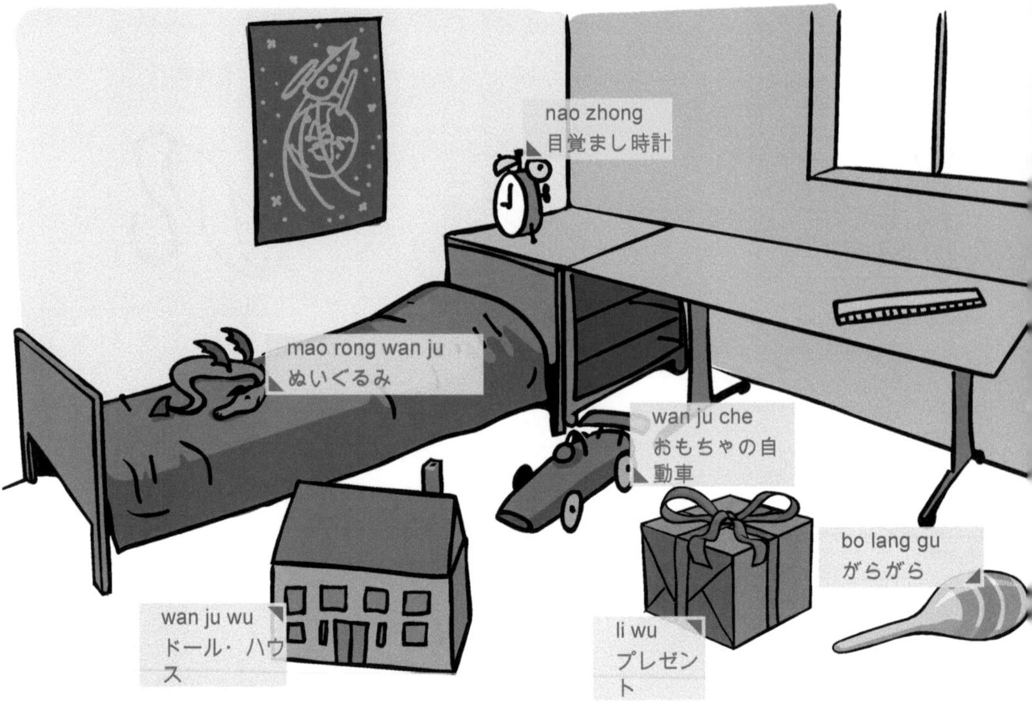

nao zhong
目覚まし時計
mao rong wan ju
ぬいぐるみ
wan ju che
おもちゃの自動車
bo lang gu
がらがら
wan ju wu
ドール・ハウス
li wu
プレゼント

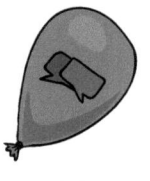

qi qiu

風船

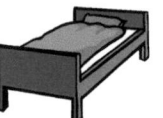

chuang

ベッド

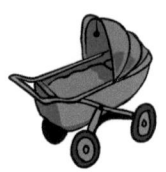

(yang wa wa yong)ying er che

ベビーカー

pu ke pai

カードゲーム

pin tu

ジグソーパズル

SUPER MEGA

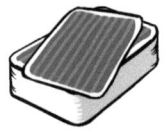

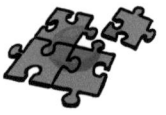

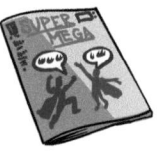

man hua

漫画

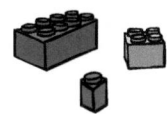

le gao ji mu

レゴ

ji mu wan ju

玩具ブロック

wan ju ren

アクションフィギュア

ying er fu

ロンパース

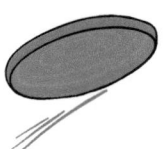

fei pan

フリスビー

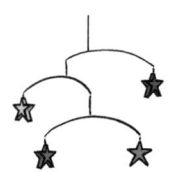

chuang ling wan ju

モバイル

qi pan you xi

ボードゲーム

shai zi

さいころ

huo che mo xing

鉄道模型

an fu nai zui

おしゃぶり

ju hui

パーティー

hui ben

絵本

qiu

ボール

yang wa wa

人形

wan

遊ぶ

sha keng

砂場

qiu qian

ブランコ

wan ju

おもちゃ

you xi ji

ゲーム機

san lun che

三輪車

tai di xiong

テディベア

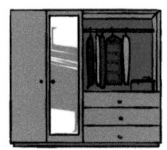

yi chu

衣装ダンス

yi fu

衣服

wa zi

靴下

chang wa

ストッキング

jin shen ku

タイツ

wei jin
スカーフ

yu san
雨傘

pi dai
ベルト

T xu
Tシャ
ツ

xue zi
ブーツ

tuo xie
スリッパ

yun dong xie
スニーカー

liang xie

サンダル

xie

靴

yu xue

ゴム長靴

nei ku

パンツ

xiong zhao

ブラ

bei xin

ベスト

shen ti

ボディースーツ

ku zi

ズボン

niu zai ku

ジーンズ

duan qun

スカート

nü shi chen shan

ブラウス

chen shan

シャツ

tao tou shan

セーター

wei yi

パーカー

xi zhuang jia ke

ブレザー

jia ke

ジャケット

wai tao

コート

yu yi

レインコート

tao zhuang

服装

lian yi qun

ドレス

hun sha

ウェディングドレス

xi zhuang

スーツ

shui pao

ナイトガウン

shui yi

パジャマ

sha li

サリー

tou jin

ヘッドスカーフ

bao tou jin

ターバン

bo ka

ブルカ

ka fu tan

カフタン

(a la bo shi)chang pao

アバヤ

yong yi

水着

nan shi yong ku

トランクス

duan ku

半ズボン

yun dong fu

スウェットスーツ

wei qun

エプロン

shou tao

手袋

niu kou

ボタン

yan jing

メガネ

shou lian

ブレスレット

xiang lian

ネックレス

jie zhi

指輪

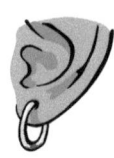

er huan

イヤリング

bian mao

帽子

yi jia

ハンガー

mao zi

帽子

ling dai

ネクタイ

la lian

ファスナー

tou kui

ヘルメット

bei dai

サスペンダー

xiao fu

制服

zhi fu

ユニフォーム

wei dou

よだれかけ

an fu nai zui

おしゃぶり

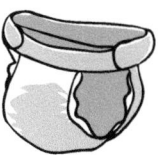

niao bu shi

おむつ

ban gong shi

オフィス

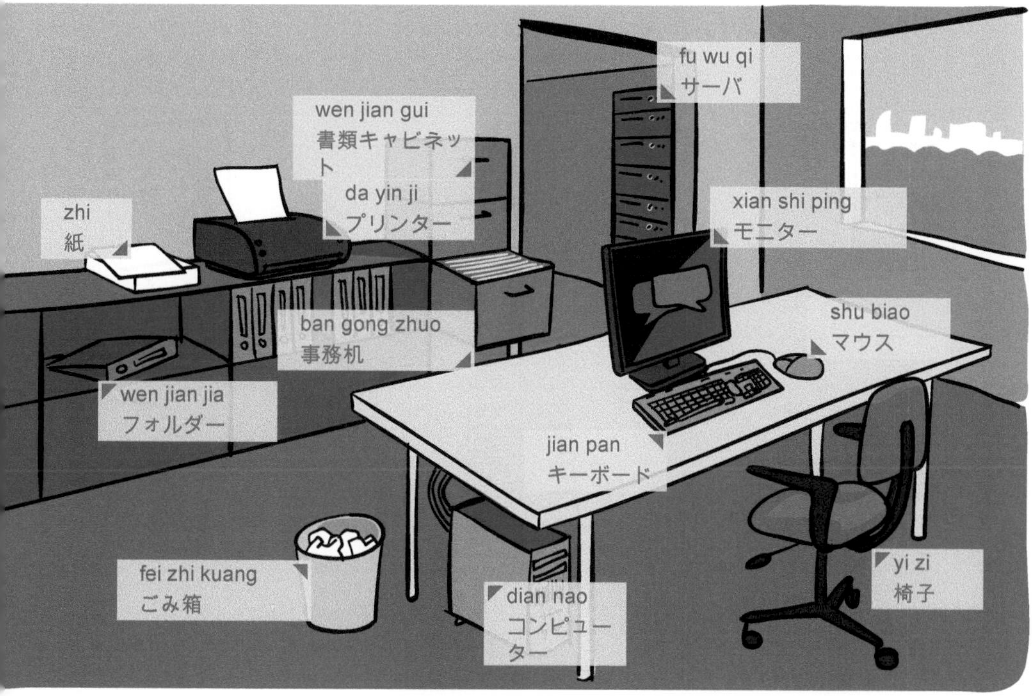

fu wu qi
サーバ

wen jian gui
書類キャビネット

da yin ji
プリンター

zhi
紙

xian shi ping
モニター

shu biao
マウス

ban gong zhuo
事務机

wen jian jia
フォルダー

jian pan
キーボード

fei zhi kuang
ごみ箱

yi zi
椅子

dian nao
コンピューター

ka fei bei

コーヒーマグ

ji suan qi

計算機

yin te wang

インターネット

bi ji ben dian nao

ラップトップ

xin jian

手紙

xiao xi

メッセージ

shou ji

携帯電話

wang luo

ネットワーク

fu yin ji

コピー機

ruan jian

ソフトウェア

dian hua

電話

cha zuo

コンセント

chuan zhen ji

ファックス

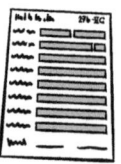

biao ge

フォーム

wen jian

書類

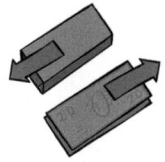

mai

買う

fu qian

支払う

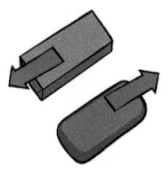

jiao yi

取引する

xian jin

お金

mei yuan

ドル

ou yuan

ユーロ

ri yuan

円

lu bu

ルーブル

rui shi fa lang

スイスフラン

ren min bi

人民元

lu bi

ルピー

ti kuan chu

キャッシュポイント

wai bi dui huan chu

両替所

jin

金

yin

銀

shi you

油

neng yuan

エネルギー

jia ge

価格

he tong

契約

shui jin

税金

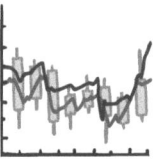

gu piao

株

gong zuo

働く

zhi yuan

従業員

lao ban

雇用主

gong chang

工場

shang dian

ショップ

zhi ye
職業

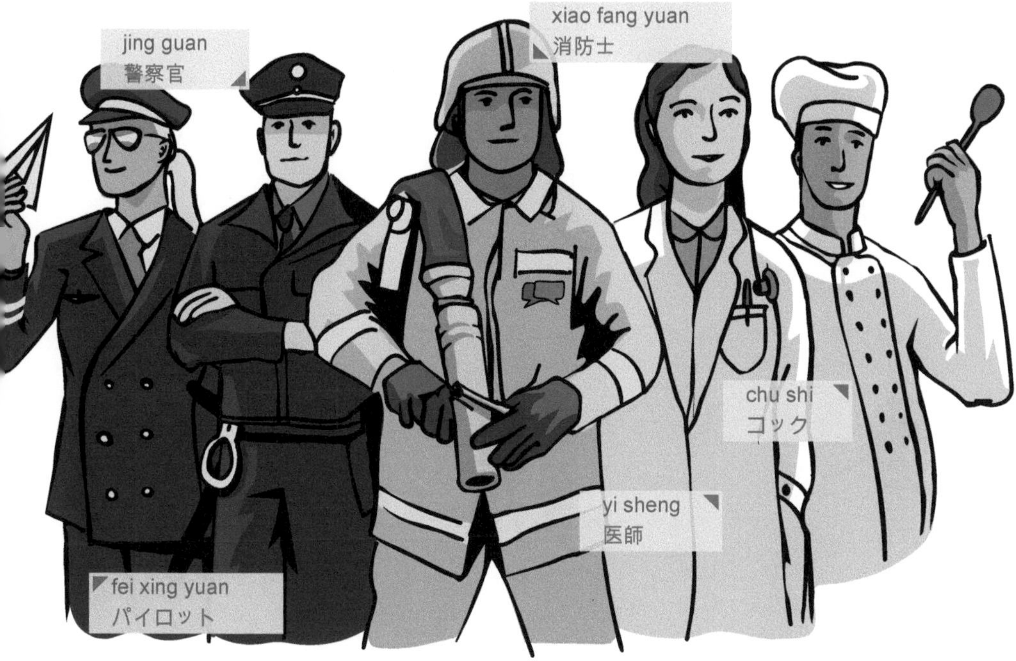
jing guan
警察官
xiao fang yuan
消防士
chu shi
コック
yi sheng
医師
fei xing yuan
パイロット

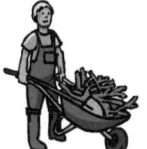

yuan ding
庭師

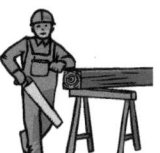

mu jiang
大工

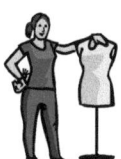

cai feng
お針子

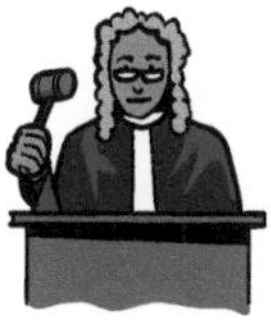

fa guan
裁判官

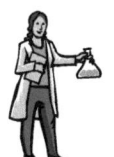

hua xue jia
化学者

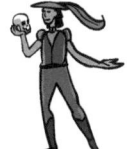

yan yuan
俳優

gong jiao che si ji

バスの運転手

chu zu che si ji

タクシー運転手

yu fu

漁師

qing jie nü gong

掃除婦

wu ding gong

屋根ふき職人

fu wu yuan

ウェイター

lie ren

ハンター

hua jia

塗装工

mian bao shi

パン屋

dian gong

電気工

jian zhu gong ren

建設作業員

gong cheng shi

エンジニア

tu fu

肉屋

shui guan gong

配管工

you di yuan

郵便配達人

shi bing

軍人

jian zhu shi

建築家

shou yin yuan

レジ係

hua nong

花屋

li fa shi

美容師

shou piao yuan

車掌

ji xie shi

機械工

chuan zhang

キャプテン

ya yi

歯科医

ke xue jia

科学者

la bi

ラビ

yi ma mu

イスラム導師

he shang

修道士

mu shi

牧師

gong ju
道具

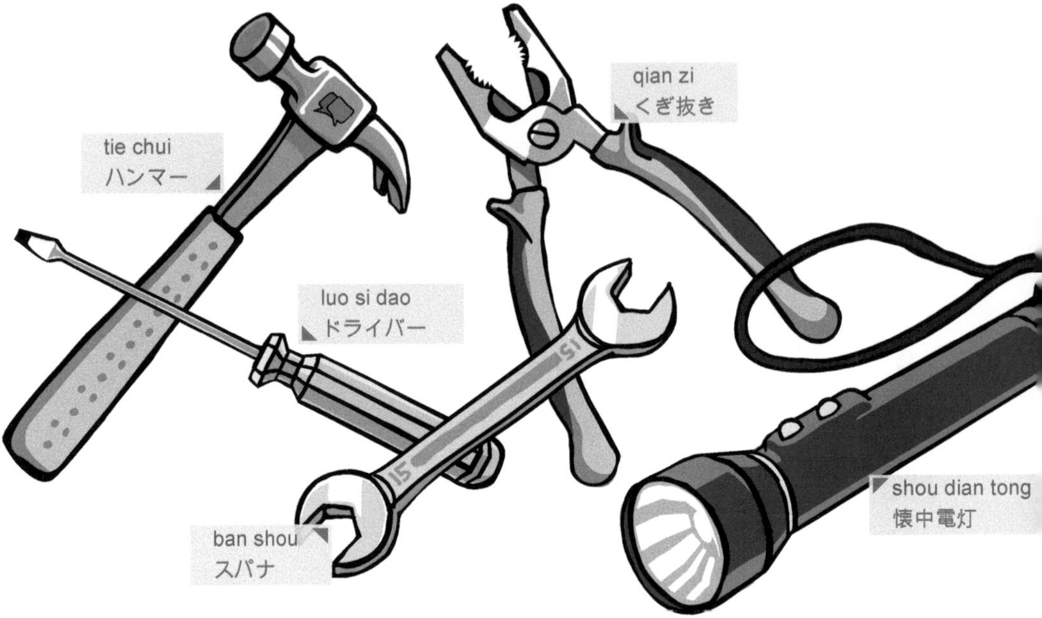

qian zi
くぎ抜き
tie chui
ハンマー
luo si dao
ドライバー
ban shou
スパナ
shou dian tong
懐中電灯

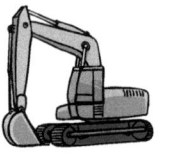

wa jue ji
掘削機

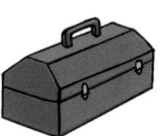

gong ju xiang
道具箱

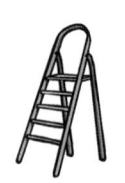

ti zi
はしご

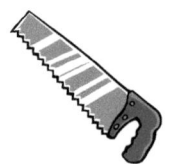

ju zi
のこぎり

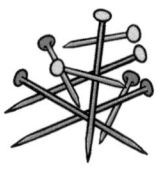

ding zi
釘

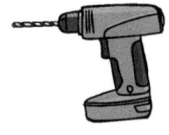

zuan ji
ドリル

xiu
修理する

chan zi
シャベル

kao!
クソ！

bo ji
ちりとり

you qi tong
ペンキ缶

luo si
ネジ

yue qi
楽器

da ji yue qi
打楽器

yang sheng qi
スピーカー

ji ta
ギター

di yin ti qin
コントラバス

xiao hao
トランペット

gang qin

ピアノ

xiao ti qin

バイオリン

bei si

バス

ding yin gu

ティンパニ

gu

ドラム

dian zi qin

キーボード

sa ke si guan

サックス

chang di

フルート

mai ke feng

マイクロフォン

dong wu yuan

動物園

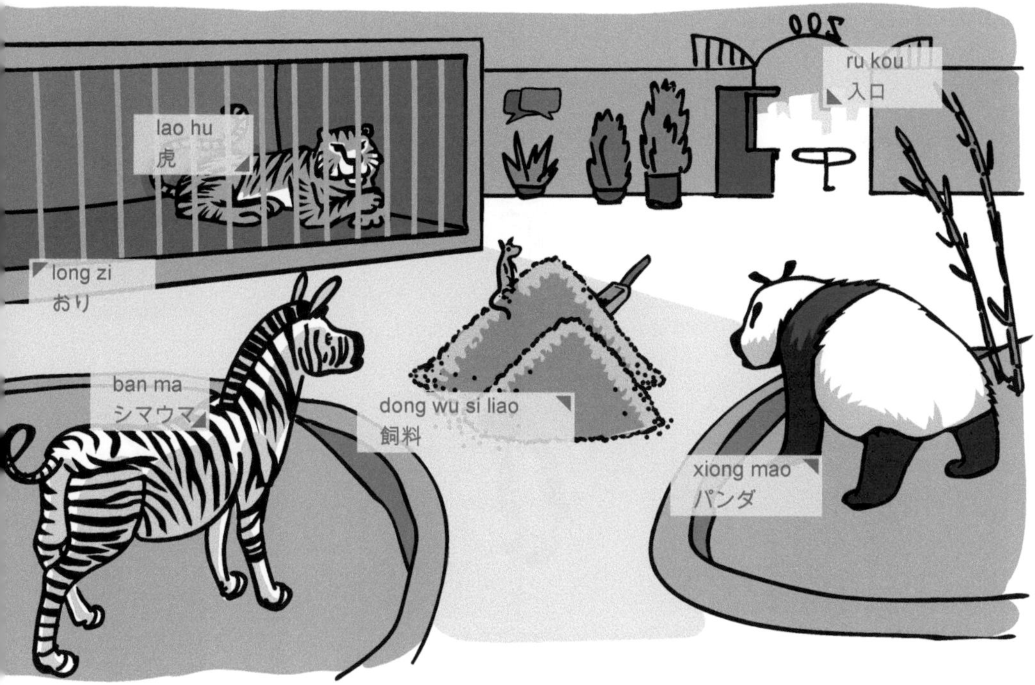

lao hu
虎
ru kou
入口
long zi
おり
ban ma
シマウマ
dong wu si liao
飼料
xiong mao
パンダ

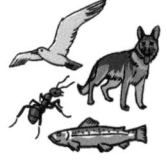

dong wu
動物

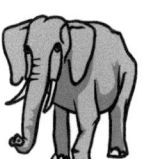

da xiang
象

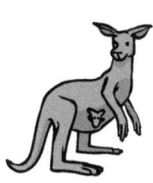

dai shu
カンガルー

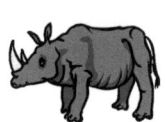

xi niu
サイ

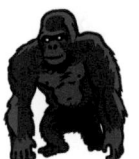

da xing xing
ゴリラ

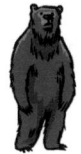

xiong
熊

luo tuo

ラクダ

tuo niao

ダチョウ

shi zi

ライオン

hou zi

猿

huo lie niao

フラミンゴ

ying wu

オウム

bei ji xiong

白クマ

qi e

ペンギン

sha yu

サメ

kong que

クジャク

she

蛇

e yu

ワニ

dong wu yuan guan li yuan

飼育係

hai bao

アザラシ

mei zhou bao

ジャガー

ai zhong ma

ポニー

bao

ヒョウ

he ma

カバ

chang jing lu

キリン

lao ying

鷲

ye zhu

雄豚

yu

魚

gui

亀

hai xiang

セイウチ

hu li

狐

ling yang

ガゼル

gan lan qiu
アメフト

qi zi xing che
サイクリング

wang qiu
テニス

lan qiu
バスケット
ボール

you yong
水泳

quan ji
ボクシン
グ

bing qiu
アイスホッ
ケー

ying shi zu qiu
サッカー

yu mao qiu
バドミントン

tian jing
陸上競技

shou qiu
ハンドボール

hua xue
スキー

ma qiu
ポロ

huo dong
活動

xiao
笑う
tiao
跳ぶ
yong bao
抱きしめる
zou lu
歩く
chang
歌う
zuo meng
夢見る
qi dao
祈る
qin wen
キス

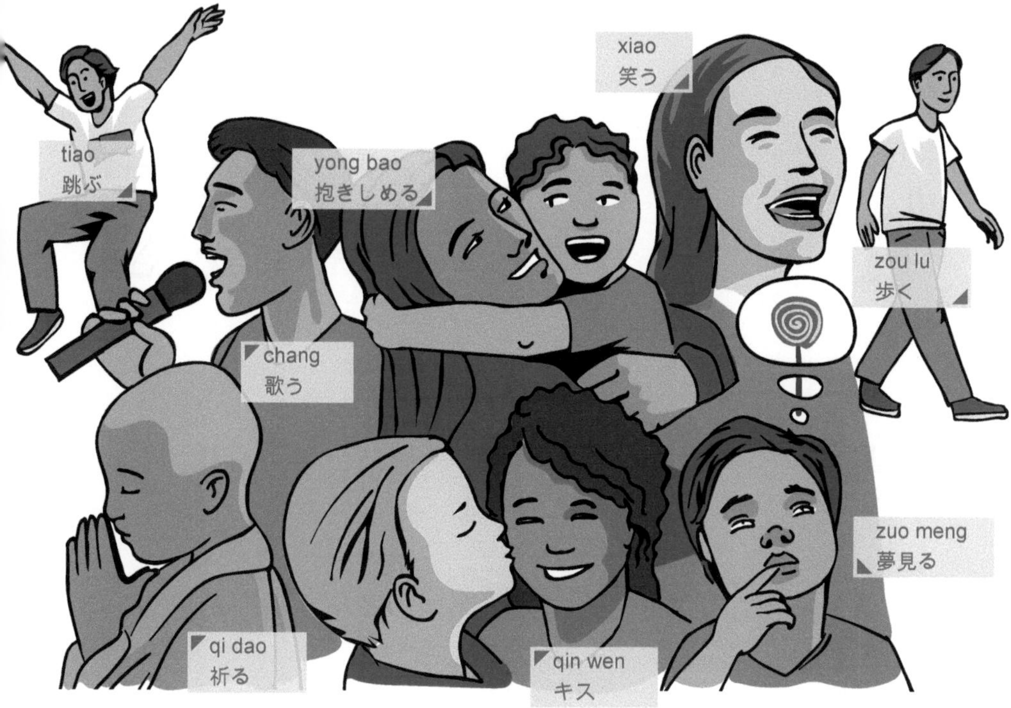

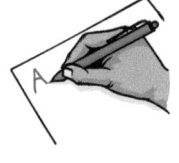

shu xie
書く

hua
描く

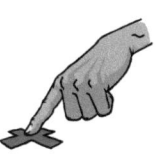

zhan shi
示す

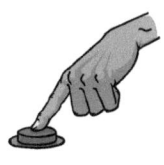

tui
押す

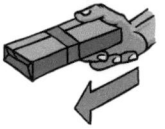

gei
与える

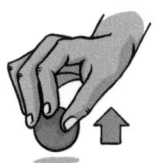

na
取る

you

持っている

zuo

する

dang

ある

zhan

立つ

pao

走る

la

引く

reng

投げる

shuai dao

落ちる

tang

横たわっている

deng dai

待つ

xie dai

運ぶ

zuo

座る

chuan yi

着る

shui jiao

眠る

xing lai

目が覚める

kan

見る

ku

泣く

fu mo

なでる

shu tou

櫛ですく

jiao tan

話す

ming bai

理解する

wen

質問する

ting

聞く

he

飲む

chi

食べる

qing li

片づける

ai

愛する

zuo fan

料理する

kai che

運転する

fei

飛ぶ

hang xing

ヨットに乗る

ji suan

計算する

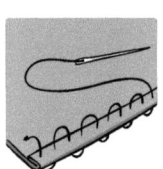

du

読む

xue xi

学ぶ

gong zuo

働く

jie hun

結婚する

feng

縫う

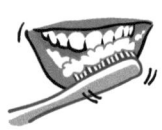

shua ya

歯を磨く

sha

殺す

chou yan

喫煙する

ji

送る

jia
家族

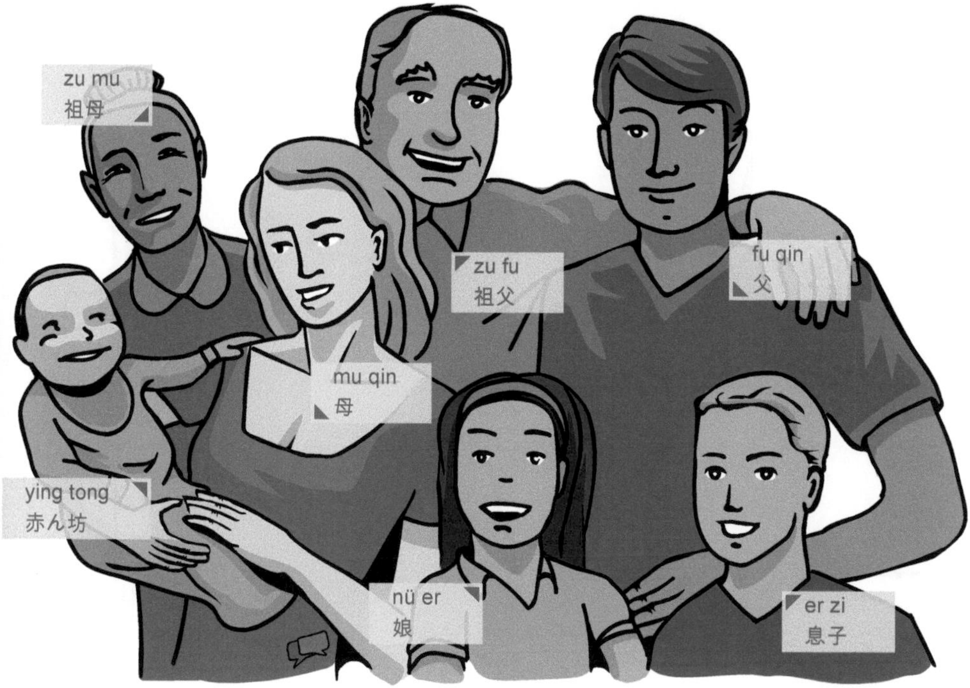
zu mu
祖母
zu fu
祖父
fu qin
父
mu qin
母
ying tong
赤ん坊
nü er
娘
er zi
息子

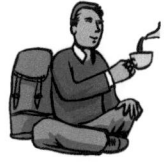

ke ren

お客様

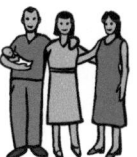

a yi

おば

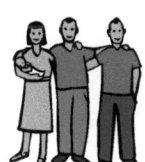

shu shu

おじ

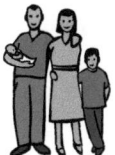

xiong di

兄弟

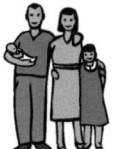

jie mei

姉妹

shen ti

体

qian e
ひたい
yan jing
目
jian bang
肩
shou zhi
指
lian
顔
xia ba
あご
shou
手
tui
脚
ru fang
胸
shou bi
腕

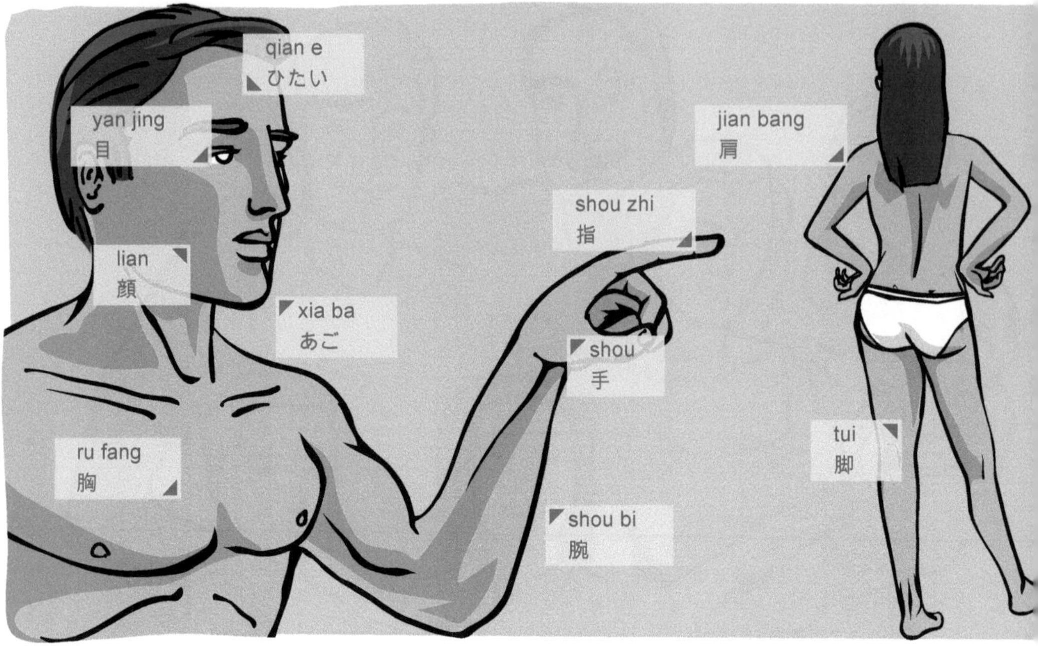

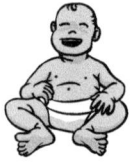

ying tong

赤ん坊

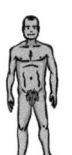

nan ren

男性

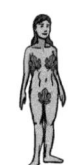

nü ren

女性

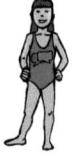

nü hai

少女

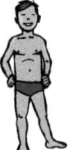

nan hai

少年

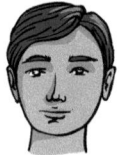

tou

頭

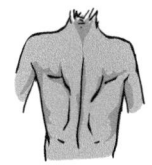

bei bu

背中

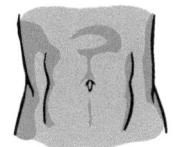

du zi

腹

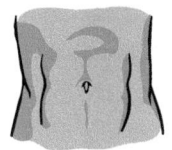

du qi

へそ

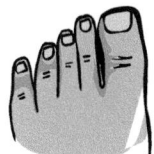

jiao zhi

足指

jiao hou gen

かかと

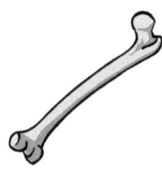

gu tou

骨

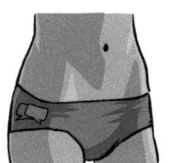

tun bu

腰

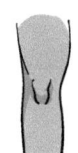

xi gai

ひざ

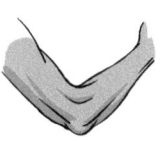

shou zhou

ひじ

bi zi

鼻

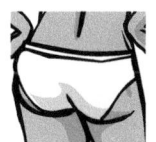

pi gu

尻

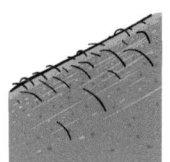

pi fu

皮膚

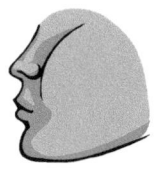

lian jia

頬

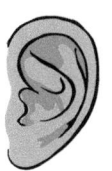

er duo

耳

zui chun

唇

zui

口

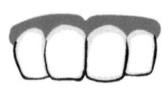

ya chi

歯

she tou

舌

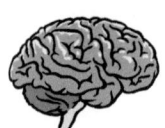

nao

脳

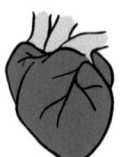

xin zang

心臓

ji rou

筋肉

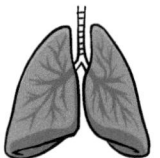

fei

肺

gan zang

肝臓

wei

胃

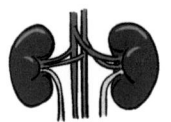

shen zang

腎臓

xing jiao

セックス

bi yun tao

コンドーム

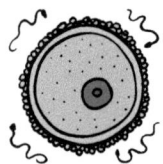

luan zi

卵細胞

jing zi

精液

huai yun

妊娠

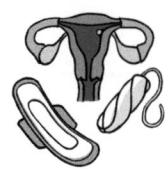

yue jing

月経

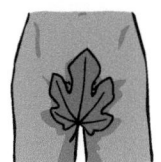

yin dao

膣

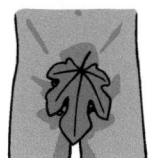

yin jing

ペニス

mei mao

眉

tou fa

髪

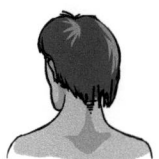

bo zi

首

yi yuan
病院

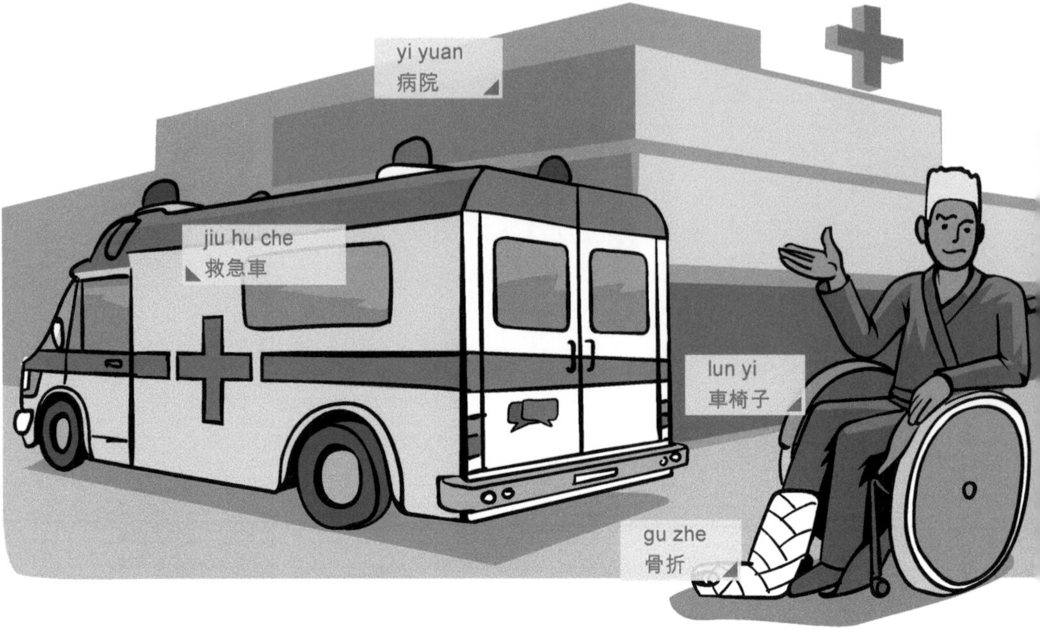

yi yuan
病院
jiu hu che
救急車
lun yi
車椅子
gu zhe
骨折

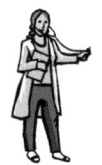

yi sheng

医師

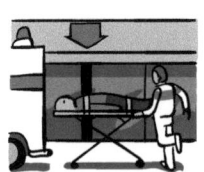

ji zhen shi

救急治療室

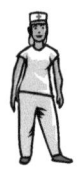

hu shi

看護師

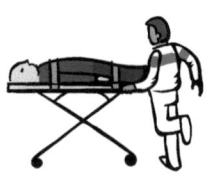

jin ji qing kuang

救急

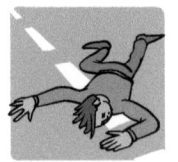

hun mi

失神

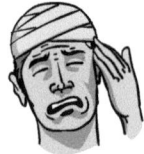

tong

痛み

shou shang

けが

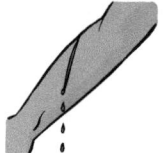

chu xue

出血

xin zang bing fa zuo

心臓発作

zhong feng

脳卒中

guo min

アレルギー

ke sou

咳

fa shao

熱

liu gan

インフルエンザ

fu xie

下痢

tou tong

頭痛

ai zheng

癌

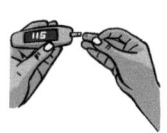

tang niao bing

糖尿病

wai ke yi sheng

外科医

shou shu dao

外科用メス

shou shu

手術

CT

CT

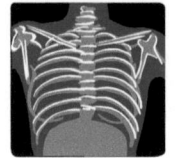

X guang

レントゲン

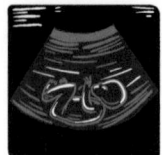

chao sheng bo

超音波

kou zhao

マスク

ji bing

病気

hou zhen shi

待合室

guai zhang

松葉づえ

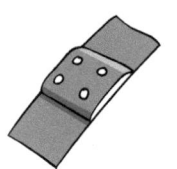

shi gao

ばんそうこう

beng dai

包帯

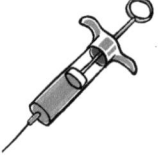

zhu she

注射

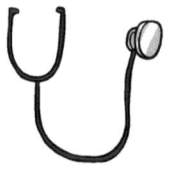

ting zhen qi

聴診器

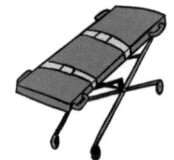

dan jia

担架

ti wen ji

体温計

chu sheng

出産

chao zhong

肥満

zhu ting qi

補聴器

xiao du ye

消毒剤

gan ran

感染

bing du

ウイルス

ai zi bing

HIV / エイズ

yao wu

内服薬

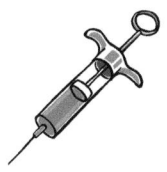

jie zhong yi miao

予防接種

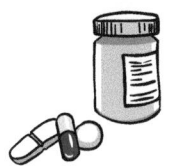

yao pian

錠剤

yao wan

ピル

ji jiu dian hua

緊急電話

xue ya ji

血圧計

sheng bing/jian kang

病気の / 健康な

jiu ming!

助けて！

jing bao

アラーム

tu ji

暴行

gong ji

攻撃

wei xian

危険

jin ji chu kou

非常口

zhao huo la!

火事だ！

mie huo qi

消火器

yi wai

事故

ji jiu xiang

救急箱

hu jiu xin hao

SOS

jing cha

警察

ou zhou

ヨーロッパ

bei mei zhou

北米

nan mei zhou

南米

fei zhou

アフリカ

ya zhou

アジア

ao zhou

オーストラリア

da xi yang

大西洋

tai ping yang

太平洋

yin du yang

インド洋

nan bing yang

南極海

bei bing yang

北極海

bei ji

北極

nan ji

南極

nan ji zhou

南極大陸

di qiu

地球

lu di

陸

hai

海

dao

島

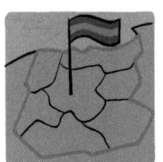

guo jia

国家

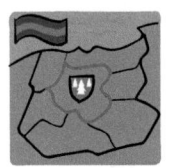

guo jia

国家

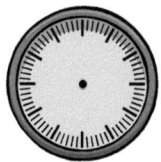

zhong mian

文字盤

shi zhen

短針

fen zhen

長針

miao zhen

秒針

xian zai ji dian?

何時ですか？

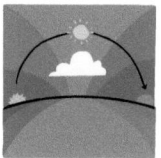

tian

日

shi jian

時間

xian zai

現在

dian zi biao

デジタル時計

fen

分

shi

時間

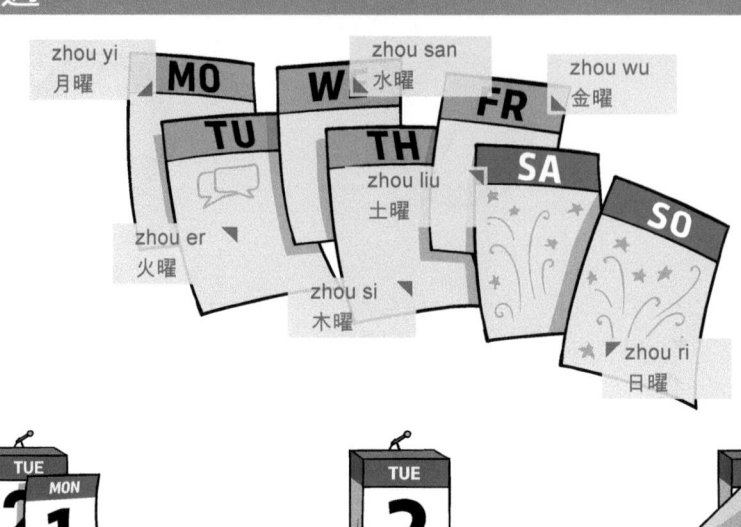

zhou yi 月曜
zhou san 水曜
zhou wu 金曜
zhou er 火曜
zhou liu 土曜
zhou si 木曜
zhou ri 日曜

zuo tian

昨日

jin tian

今日

ming tian

明日

zao chen

朝

zhong wu

昼

wan shang

夜

gong zuo ri

営業日

zhou mo

週末

cai hong
虹

yu
雨

xue
雪

feng
風

chun
春

qiu
秋

xia
夏

dong
冬

tian qi yu bao

天気予報

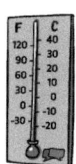

wen du ji

温度計

yang guang

日差し

yun

雲

wu

霧

chao shi

湿度

shan dian

雷

da lei

雷

feng bao

嵐

bing bao

ひょう

ji feng

季節風

hong shui

洪水

bing

氷

yi yue

1月

er yue

2月

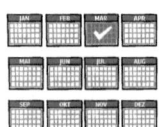

san yue

3月

si yue

4月

wu yue

5月

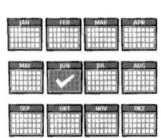

liu yue

6月

qi yue

7月

ba yue

8月

jiu yue

9月

shi yue

10月

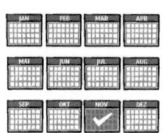

shi yi yue

11月

shi er yue

12月

xing zhuang

形

yuan xing

円

zheng fang xing

正方形

chang fang xing

長方形

san jiao xing

三角

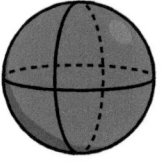

qiu ti

球

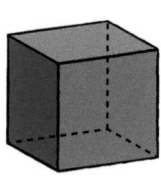

li fang ti

立方体

bai

白

huang

黄

cheng

オレンジ

fen

ピンク

hong

赤

zi

紫

lan

青

lü

緑

zong

茶

hui

灰色

hei

黒

hen duo/shao xu

多い ／ 少ない

sheng qi/ping jing

怒っている /
落ち着いている

mei/chou

美しい ／ 醜い

shou/wei

初め ／ 終わり

da/xiao

大きい ／ 小さい

ming/an

明るい ／ 暗い

xiong di/jie mei

兄弟 ／ 姉妹

gan jing/ang zang

清潔な / 汚い

wan zheng/que shi

完全な ／ 不完全な

bai tian/wan shang

日中 ／ 夜

si/sheng

死んだ ／ 生きている

kuan/zhai

幅広い ／ 狭い

ke shi yong/fei shi yong

食べられる　/
食べられない

xie e/shan liang

悪意のある　/　親切な

xing fen/wu liao

興奮している　/
退屈している

pang/shou

太った　/　痩せた

di yi/zui hou

最初に　/　最後に

peng you/di ren

友人　/　敵

man/kong

いっぱいの　/　空の

ying/ruan

硬い　/　柔らかい

zhong/qing

重い　/　軽い

e/ke

空腹　/　喉の渇き

sheng bing/jian kang

病気の　/　健康な

fei fa/he fa

違法な　/　合法な

cong ming/yu ben

賢い　/　愚かな

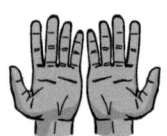

zuo/you

左に　/　右に

jin/yuan

近い　/　遠い

xin/jiu

新しい / 中古の

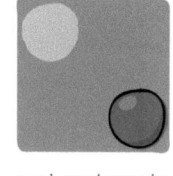

mei you/you xie

何もない / 何かある

lao/you

老いた / 若い

kai/guan

オン / オフ

da kai/he shang

開いている /
閉まっている

an jing/chao nao

静かな / うるさい

fu/qiong

裕福な / 貧乏な

dui/cuo

正しい / 間違っている

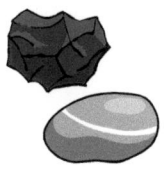

cu cao/guang hua

粗い / なめらか

shang xin/gao xing

悲しい / 幸せな

duan/chang

短い / 長い

man/kuai

ゆっくり / 速い

shi/gan

濡れた / 乾いた

wen nuan/liang shuang

温かい / 冷たい

zhan zheng/he ping

戦争 / 平和

0

ling

ゼロ

1

yi

1

2

er

2

3

san

3

4

si

4

5

wu

5

6

liu

6

7

qi

7

8

ba

8

9

jiu

9

10

shi

10

11

shi yi

11

12
shi er

12

13
shi san

13

14
shi si

14

15
shi wu

15

16
shi liu

16

17
shi qi

17

18
shi ba

18

19
shi jiu

19

20
er shi

20

100
bai

100

1.000
qian

1000

1.000.000
bai wan

100万

ying yu

英語

mei shi ying yu

アメリカ英語

pu tong hua

中国標準語

yin di yu

ヒンディー語

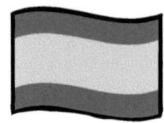

xi ban ya yu

スペイン語

fa yu

フランス語

a la bo yu

アラビア語

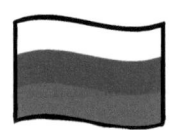

e yu

ロシア語

pu tao ya yu

ポルトガル語

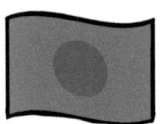

feng jia la yu

ベンガル語

de yu

ドイツ語

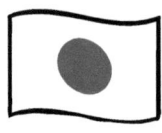

ri yu

日本語

wo

私

ni

あなた

ta/ta/ta

彼 / 彼女 / それ

wo men

私たち

ni men

あなたたち

ta men

彼ら

shei?

誰？

shen me?

何？

zen yang?

どうやって？

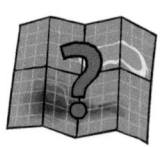

na li?

どこ？

shen me shi hou?

いつ？

ming zi

名前

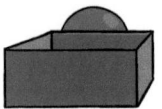

hou mian

後ろ

li mian

中

qian mian

前

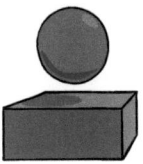

shang fang

上

shang mian

上

xia mian

下

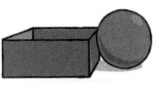

pang bian

横

zhong jian

間

di dian

場所